Copyright © octobre 2023 Dominique BERTOLANI
18 Avenue Villemus - 13100 Aix-en-Provence
Dépôt légal : octobre 2023
Loi n°49-956 du 16 juillet 1949 sur les publications destinées à la jeunesse modifiée par la Loi n°2011-525 du 17 mai 2011
Imprimé à la demande par Amazon
Tous droits réservés.
Code ISBN : 978-2-9582503-4-8

Lorsque mon fils était petit, nous passions de longues soirées en Corse, l'été, installés sur un transat, sa petite main dans la mienne, à regarder les étoiles et à parler des grands sujets qui nous questionnent tous. Parfois, une étoile filante déchirait le ciel, nous émerveillant encore davantage. L'Univers est-il fini ? Qu'y a-t-il après la vie ? Pourquoi est-on sur Terre ? Sommes-nous seuls dans l'Univers ? Je lui posais des questions pour savoir ce qu'il pensait de tout ça, comment il imaginait sa vie d'adulte, et ces moments étaient pour tous les deux des moments précieux de partage. Nous ne voulions pas nous coucher tellement c'était agréable.

Plus tard, j'ai commencé à animer des « ateliers philo » avec des élèves des cycles I, II et III, et j'ai retrouvé cette même flamme dans leurs yeux. Cette joie que l'on éprouve à essayer de comprendre, à remettre en question, à émettre des hypothèses, confronter nos idées, dans le respect et sans jugement. C'est cette flamme que j'aimerais transmettre avec ce modeste ouvrage.

Il n'est aucunement question pour moi d'apporter de quelconques bases théoriques ou philosophiques, je ne m'en sentirais pas la légitimité. J'ai souhaité dessiner des tableaux qui permettent simplement le questionnement, qui soient chacun, un possible point de départ à une discussion, à une réflexion entre les enfants et nous, les adultes. Qu'il s'agisse de nos propres enfants, petits enfants ou de nos élèves, qu'on utilise ce support dans le cadre feutré d'une chambre, ou dans celui, un peu plus large, d'une classe, en projetant les images sur un tableau grâce au **QR Code** à la fin du livre.

Chaque scène sert de déclencheur à un débat qui peut nous mener très loin. Il ne s'agit pas d'une histoire, même s'il est tout à fait possible de tout lire d'une traite, mais plutôt de « moments » dans la vie du personnage principal qu'est le petit renard.

Pour guider le parent ou l'enseignant à trouver des sujets associés à chaque double page habillée d'une étoile avec un numéro, je propose à la fin quelques questions possibles pour lancer ou relancer la discussion. Il y en aurait bien d'autres encore mais je vous laisse le soin de les inventer, de les découvrir. Le but de tout cela étant de partager des moments loin des écrans et de s'interroger sur le monde. Il n'y a pas de bonnes ou de mauvaises réponses ou pensées à partir du moment où l'on peut en discuter et en débattre.

Je vous souhaite beaucoup de plaisir avec ce petit livre qui peut être ouvert à plusieurs mois ou années d'intervalle, sans que jamais les réponses ne soient les mêmes…

Dominique Bertolani

A mon petit Prince Robin,
A ma mère,
A Paul,

A mon père, qui croyait, enfant, que le ciel étoilé n'était autre qu'un chapiteau de cirque dans lequel on aurait percé de petits trous…

A mes élèves et tous les petits renardeaux qui aiment se poser des questions.

Les ateliers philo du petit renard noir

Pour se poser des questions sur le monde

Textes et illustrations
Dominique BERTOLANI

Le petit renard noir ne sait pas qu'il est noir, ni qu'il est un renard, et ça ne lui manque pas.

Il est juste heureux, c'est tout.

Il y a très longtemps, le renard noir était un bébé renard et encore avant, il était…

Un nuage de renard ?

3 Ce n'est pas parce qu'il peut faire très peur à des gens dans la nuit que le renard noir n'a peur de rien, lui.

Par exemple, il lui arrive d'avoir peur d'une araignée si elle se trouve au-dessus de lui, ou bien d'avoir peur des lucioles qui brillent car il croit que ce sont des étoiles qui tombent sur sa tête … Il a aussi peur de … et de …, mais personne ne le sait car il fait comme si c'était lui le plus fort !

Une fois, le renard noir a réussi à compter 1342 étoiles dans le ciel mais il s'est endormi et après, il ne se souvenait plus lesquelles il avait déjà comptées et lesquelles restaient à compter.

Mais il compte bien recommencer de zéro quand il aura le temps !

Lorsqu'il avait trois mois, le petit renard noir avait tissé une amitié solide avec un pigeon gris.

Ils se baladaient ensemble, dormaient ensemble, mangeaient des vers de terre ensemble…

Et puis, tout s'est arrêté.

Il regrette…

        Parfois il y repense !

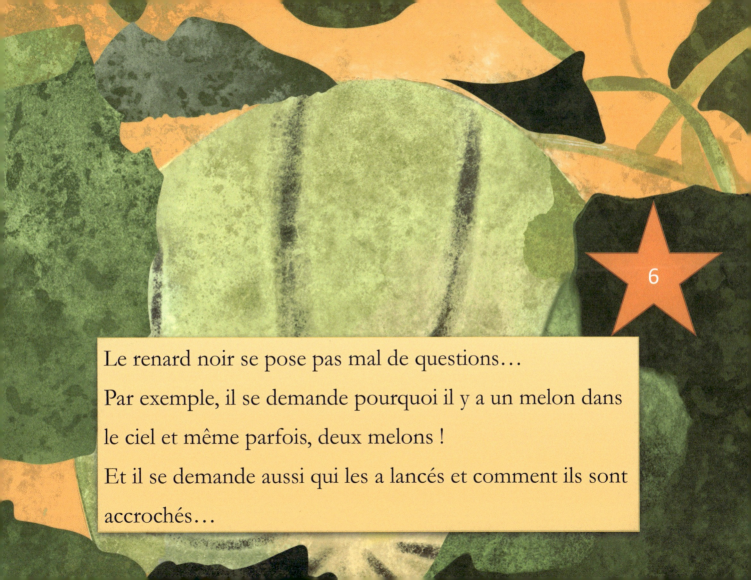

Le renard noir se pose pas mal de questions…

Par exemple, il se demande pourquoi il y a un melon dans le ciel et même parfois, deux melons !

Et il se demande aussi qui les a lancés et comment ils sont accrochés…

Le renard noir sait beaucoup de choses.

Par exemple, il sait qu'il doit se méfier du sens du vent s'il ne veut pas manquer sa proie.

Le renard noir se souvient d'un jour où il s'amusait vraiment bien avec des cousins chiens. C'était la fête !

Courir dans l'herbe, se sauter dessus, quel plaisir…

Pourtant la maman du petit renard s'était drôlement fâchée.
Elle lui avait bien remonté les bretelles !

Le pauvre, au début il n'avait pas compris du tout pourquoi il ne pouvait pas jouer…

Comme il n'y avait plus rien à manger dans sa campagne, un beau jour, le petit renard noir, qui n'était déjà plus si petit, s'en alla découvrir la ville.

Mais les étoiles avaient disparu du ciel et étaient enfermées dans de gros blocs gris.

Ça lui a fait très peur.

Il est allé voir plus loin.

Près d'un jardin, il entendit une voix qui disait :

- Viens, n'aies pas peur !

- Approche !

« Je pourrais le mordre », pensa-t-il.

Quel drôle de petit animal ! Est-ce un escargot sorti de sa coquille ?

« Je vais aller le renifler pour voir », se dit, curieux, le petit renard noir.

13

Quand il passait près du lac, le renard noir observait son reflet, il se trouvait immense, il se faisait presque peur, mais ça c'était surtout à la tombée de la nuit.
Il devait sûrement se transformer le soir venu…

Parfois, en fermant les yeux, le petit renard repensait à sa maman, lorsqu'elle le câlinait au fond de sa tanière.
C'est pas facile tous les jours de grandir, se disait-il…

Dans les prairies, le petit renard noir connaissait plein de renards, ils jouaient à la bagarre ensemble, mais c'était toujours Choupinette, la renarde, qui gagnait.
Tout le monde se méfiait d'elle.
Mais lui, ça lui plaisait bien de perdre contre Choupinette.

Plus les mois passaient, plus il faisait froid. Moins de fleurs et de petites bêtes à se mettre sous le nez ou la dent.

Pour aller plus loin…

C'est quoi être heureux ?
Qu'est-ce qui fait que l'on est soi ?
L'apparence est-elle importante pour être heureux ?

A partir de quel moment est-ce que tu es devenu toi ?
Où étais-tu avant ta naissance ?
Où serons-nous après notre vie ? Continuerons-nous d'exister ?

Est-ce que tout le monde a peur de quelque chose ?
Pourquoi a-t-on peur ?
Toi, tu as peur de quoi ?
Est-ce que ça peut servir à quelque chose d'avoir peur ? Donne des exemples.
C'est quoi le courage ?
Peut-on dominer ses peurs ? Comment ?
Connais-tu d'autres émotions que la peur ?

★ 4

Pourquoi le petit renard veut-il compter les étoiles ?
A-t-il raison de recommencer ?
C'est quoi être persévérant ?
Est-ce qu'on peut tout savoir dans la vie ?
Toi, aimerais-tu tout savoir ? Explique.
Faut-il avoir confiance en soi pour s'engager dans un projet ?
Est-il utile de chercher même si on n'est pas sûr de trouver quelque chose ?
Ça veut dire quoi réussir ? Quand on se trompe, est-ce qu'on a perdu ?

★ 5

Copain et Ami ? Est-ce pareil ?
Peut-on être amis en étant très différents ?
Comment savoir que quelqu'un est notre ami ?
Est-ce bien ou mal de regretter quelque chose ?

Qu'est-ce que la connaissance ?
Quelle est la différence entre connaissance et croyance ?
Comment acquiert-on des connaissances ?
C'est quoi apprendre ?
Est-ce que tout le monde apprend ?

Les animaux sont-ils intelligents ? C'est quoi l'intelligence ?
Qu'est-ce que l'instinct ?
Un animal peut-il être cruel ?

A partir de quel moment peut-on se débrouiller tout seul ?
C'est quoi avoir de l'expérience ?
Quels sont tes jeux préférés ?
Jouer : est-ce que ça sert à quelque chose ?
Qu'est-ce qui te rend heureux dans la vie ?

Pourquoi faut-il obéir à ses parents ?
Que veut dire le mot « éduquer » ?
Pourquoi la maman du renard est-elle en colère ? (As-tu remarqué le fusil ?)
Te souviens-tu d'une situation où tu t'es mis en danger ou bien où d'autres enfants se sont mis en danger sans le savoir ?
Une situation dangereuse, qu'est-ce que c'est pour toi ?
Quels sont les rôles principaux des parents ?
Les punitions sont-elles toujours utiles ? Pourrait-on s'en passer ?

Pourquoi le renard a-t-il peur tout à coup ?
Où sont passées les étoiles ?
Est-il normal qu'un animal sauvage s'approche tant de la ville ?
Pouvons-nous cohabiter avec les animaux sauvages ?
Pourquoi la nature est-elle importante ? Doit-on la protéger ?
Comment conserver l'harmonie entre l'homme et la nature ?

Qu'est-ce que la curiosité ?
Est-ce bien d'être curieux ?
La curiosité peut-elle nous mettre en danger ?
Comment le renard peut-il être sûr que l'humain soit gentil ?
C'est quoi la méfiance ?
Quand peut-on avoir confiance en quelqu'un ?
Comment faire pour apprivoiser un animal sauvage ? Est-ce possible ?

Faut-il croire tout ce que l'on voit ?
Peut-on faire confiance à ses sens ?
Les apparences peuvent-elles nous tromper ?

T'arrive-t-il de repenser à l'époque où tu étais bébé ?
T'en souviens-tu ? Aimerais-tu retourner à cette époque ?
Quel est ton plus beau souvenir ?
Et le plus triste ? Et le plus drôle ?
Quand devient-on grand ? Adolescent ? Adulte ?
Que fait-on de plus ou de moins quand on est grand ?
Est-ce que c'est mieux d'être un adulte ou un enfant ? Pourquoi ?

Pourquoi les renardeaux jouent-ils à la bagarre ?
Pourquoi souvent, les petits enfants tapent leurs camarades ?
Comment communiquer sans être violent ?
La renarde peut-elle être aussi forte que les renardeaux ?
Est-ce qu'une fille et un garçon peuvent jouer aux mêmes choses ?
Pourquoi le petit renard aime bien perdre contre Choupinette ?
C'est comment être amoureux ?
Quelle est la différence entre émotion et sentiment ?

16 Quelle est ta saison préférée ? Pourquoi ?
Le renard se promène tout seul : aimes-tu être seul(e) parfois ? Pourquoi ?
Est-ce que le renard noir a changé depuis le printemps dernier ? Qu'a-t-il appris ?

17 A ton avis, que va devenir le renard noir ?
Où va-t-il aller ?
Qui va-t-il rencontrer ?

C'est à toi de terminer son aventure…

QR code à scanner pour une utilisation en classe sur TNI.

Autres livres de l'auteure
disponibles sur Amazon

Printed in France by Amazon
Brétigny-sur-Orge, FR